Dirk Brecker · Laurie Sartin
Ich lebe in Deutschland

Dirk Brecker · Laurie Sartin

Ich lebe in Deutschland

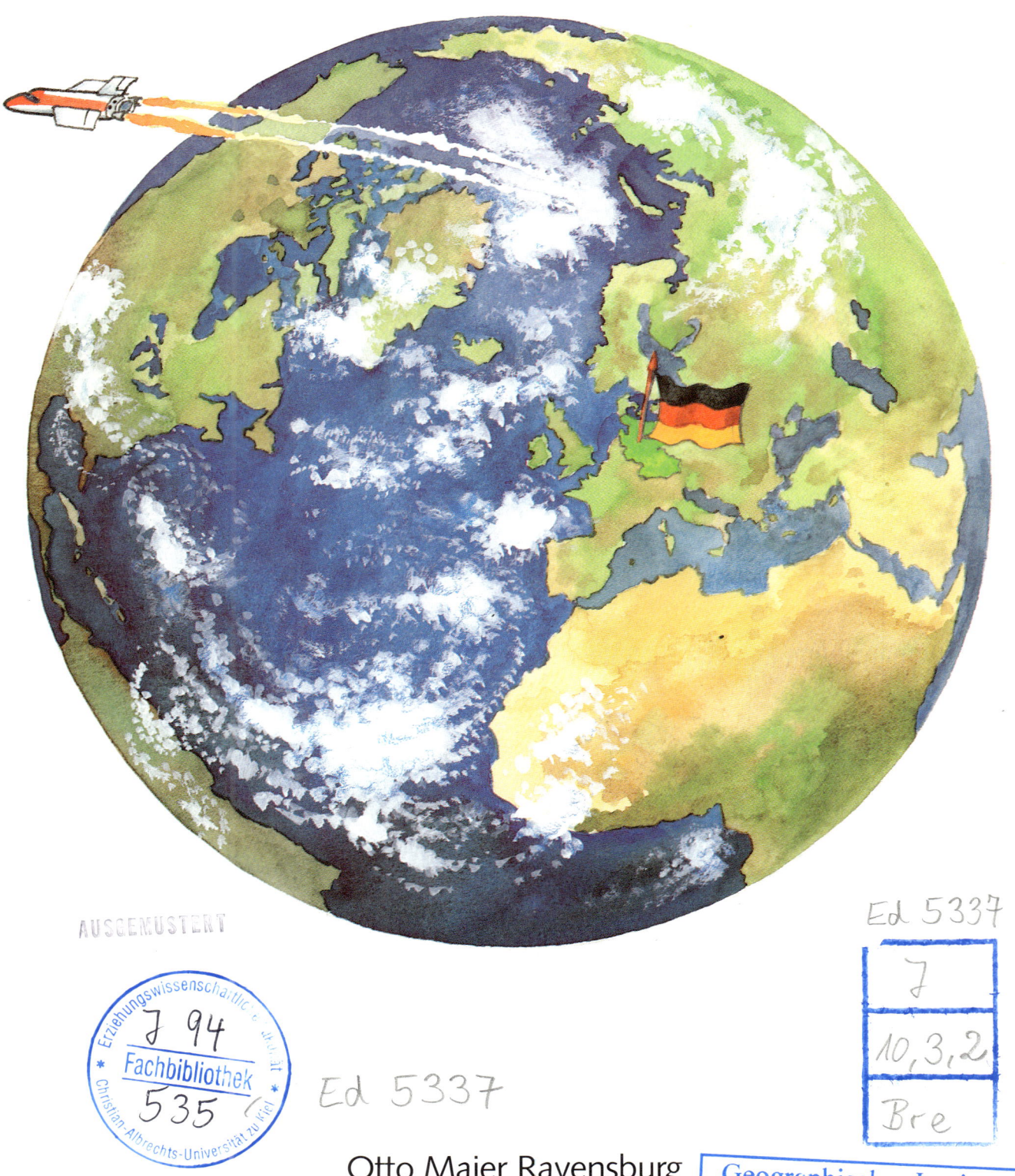

Otto Maier Ravensburg

4 3   94 93

© 1991 by Ravensburger Buchverlag Otto Maier GmbH
Alle Rechte, auch die des auszugsweisen Nachdrucks, der
fotomechanischen Wiedergabe und der Übersetzung, vorbehalten.
Illustrationen und Umschlaggestaltung: Laurie Sartin
Printed in Italy
ISBN 3-473-35587-9

Inhalt

Deutschland und Europa   6
Die Bundesländer   7
Zwei Staaten wachsen zusammen   9
Baden-Württemberg – das moderne „Ländle"   10
Bayern – Ferienparadies im Süden   12
Berlin – die neue, alte Hauptstadt   14
Brandenburg – ein „sandiges" Bundesland   16
Bremen – ein Land, zwei Städte   18
Hamburg – ein Tor zur Welt   20
Hessen – ein Land mit vielen Nachbarn   22
Mecklenburg-Vorpommern – ein Land der Seen   24
Niedersachsen – ein Land voller Gegensätze   26
Nordrhein-Westfalen – viele Städte, viel Natur   28
Rheinland-Pfalz – das Weinland am Rhein   30
Saarland – Industrierevier im Grünen   32
Sachsen – ein Industrie- und Kulturland   34
Sachsen-Anhalt – ein Land der Technik   36
Schleswig-Holstein – von Nord- und Ostsee umschlungen   38
Thüringen – das grüne Herz Deutschlands   40

Das deutsche Verkehrsnetz   42
Deutschland von oben   44
Ein wasserreiches Land   46
Ein waldreiches Land   48
Bedrohte Tier- und Pflanzenwelt   50
Wohin in der Freizeit?   52
Zahlen, Zahlen, Zahlen…   54
Kunterbuntes   56

Deutschland und Europa

Die Bundesländer

Zwei Staaten wachsen zusammen

Das Land, das wir heute Bundesrepublik oder Deutschland nennen, existiert in der jetzigen Form erst seit 1990. Es besteht aus den 16 Bundesländern Baden-Württemberg, Bayern, Berlin, Brandenburg, Bremen, Hamburg, Hessen, Mecklenburg-Vorpommern, Niedersachsen, Nordrhein-Westfalen, Rheinland-Pfalz, Saarland, Sachsen, Sachsen-Anhalt, Schleswig-Holstein und Thüringen.
Berlin ist nicht nur ein Bundesland, sondern auch die Hauptstadt von Deutschland.
Die Geschichte der Bundesrepublik ist sehr abwechslungsreich: Im Jahr 1945 hatte das damalige Deutsche Reich den Zweiten Weltkrieg verloren. Das Reich wurde von den Siegermächten UdSSR, USA, Großbritannien und Frankreich zunächst in vier Besatzungszonen geteilt. Im Jahr 1949 entstanden zwei deutsche Staaten: Die Bundesrepublik Deutschland im Westen und die DDR (Deutsche Demokratische Republik) im Osten. Auch die ehemalige Reichshauptstadt Berlin wurde geteilt. Im Jahr 1961 wurde von den Machthabern der DDR die Mauer zwischen Ost- und West-Berlin gebaut.
Das Verhältnis zwischen den beiden deutschen Staaten war lange Zeit sehr gespannt. Die Bewohner der DDR durften nicht in den Westen ausreisen, und strenge Reisebestimmungen erschwerten die Einreise in die DDR.

Das Jahr 1989 ist der wichtigste Meilenstein in der deutsch-deutschen Geschichte: Ermutigt durch die nach Westen hin offene Politik der UdSSR, wagten es die DDR-Bürger, die Unzufriedenheit mit ihrer Regierung zu äußern. Nach vielen Demonstrationen, vor allem in Leipzig, Dresden und Berlin, begleitet von einer Fluchtwelle vieler DDR-Bürger in den Westen, wurden am 9. November 1989 die Grenzen zwischen Ost und West geöffnet. Schon wenige Monate später, nachdem die ersten freien Wahlen in der DDR stattgefunden hatten, beantragte die neue Regierung der DDR den Anschluß an die Bundesrepublik. Er wurde am 3. Oktober 1990 vollzogen.
Das wiedervereinigte Deutschland hat eine Gesamtfläche von rund 357 000 Quadratkilometern, auf der über 76 Millionen Menschen leben.

Baden-Württemberg –
das moderne „Ländle"

Möchtest du durch den Schwarzwald streifen oder eine Schiffahrt auf dem Bodensee, dem größten deutschen Binnengewässer, unternehmen? Dann reise in den Südwesten Deutschlands, nach Baden-Württemberg!
Ob im Odenwald, auf der Schwäbischen Alb oder im idyllischen Neckartal – überall findest du reizvolle Ferienplätze. Hier gibt es auch die meisten Bäder und Heilquellen in Deutschland. Stuttgart ist die Landeshauptstadt. Sie ist die Stadt der „Stäffele", der Treppen. Hier und in Städten wie Mannheim, Karlsruhe, Pforzheim, Heilbronn und Ulm haben sich wichtige Industriezentren entwickelt. Sie haben dieses Bundesland zum bedeutendsten Exportland Deutschlands gemacht. Zugleich ist es aber auch ein Gebiet, wo viel Wein, Obst, Gemüse und sogar Tabak angebaut wird.

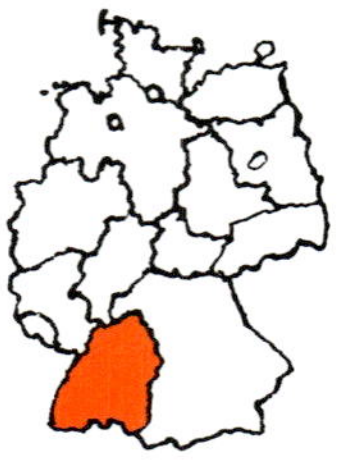

Der Schwarzwald ist eines der beliebtesten Ferienziele in Deutschland.

In **Friedrichshafen am Bodensee** konstruierte Graf Zeppelin im Jahre 1898 das erste lenkbare Luftschiff der Welt.

Baden-Württemberg ist der Sitz der großen Autofirmen. Hier baute Gottlieb Daimler den ersten Benzinmotor und Karl-Friedrich Benz das erste Automobil der Welt.

Das **Ulmer Münster** hat den höchsten Kirchturm der Welt.

In **Mannheim am Neckar** befindet sich das größte Binnenhafenzentrum von Europa.

Bayern –
Ferienparadies im Süden

Gehst du gerne wandern, zum Schwimmen oder Skifahren? Dann bist du in Bayern richtig! Jedes Jahr kommen unzählige Touristen aus dem In- und Ausland in das größte Bundesland, um in den Alpen, an den Seen der Voralpen oder in den zahlreichen Waldgebieten Ferien zu machen. Hauptstadt von Bayern ist die Millionenstadt München, die inzwischen ein Zentrum für modernste Luftfahrt- und Raumfahrt-Technik und der Elektronik-Industrie geworden ist. Zugleich ist München das kulturelle Zentrum von Bayern. Unzählige Kinos, Theater, Museen und Ausstellungen laden das ganze Jahr über zum Besuch ein.

Obwohl einige Regionen stark industrialisiert sind, ist Bayern ein Bundesland mit viel Natur: Ein Drittel des Landes ist bewaldet, und beinahe die Hälfte wird landwirtschaftlich genutzt.

Nicht nur zu Messen und Ausstellungen, sondern auch zum **Oktoberfest** kommen Besucher aus aller Welt nach München.

Zwischen **Nürnberg und Fürth** verkehrte 1835 die erste deutsche Eisenbahn.

Die historische Stadt **Nürnberg** ist berühmt für ihre Lebkuchen, den Christkindlesmarkt, das Spielzeug-Museum und die weltgrößte Spielwarenmesse.

Die Zugspitze ist der höchste Berg Deutschlands und einer von vielen Wintersportplätzen in Bayern.

Neuschwanstein ist eines von den Schlössern, die der bayerische König Ludwig II. bauen ließ.

Berlin –
die neue, alte Hauptstadt

Die größte Stadt Deutschlands, Berlin, hat eine höchst abwechslungsreiche Geschichte. Sie war bis 1945 Reichshauptstadt und wurde nach dem Zweiten Weltkrieg geteilt. Ost-Berlin wurde zur Hauptstadt der sowjetischen Besatzungszone, der späteren DDR. West-Berlin dagegen wurde von der Bundesrepublik Deutschland politisch vertreten.

Durch die Mauer war West-Berlin vom 13. August 1961 bis zum 9. November 1989 von der DDR abgetrennt. Seit dem Fall der Mauer entwickelt sich das vereinigte Berlin wieder zu einer Weltstadt, in der fast vier Millionen Menschen leben. In der Zukunft wird sich ein Teil der deutschen Regierung in Berlin befinden.

Die Urania-Weltzeituhr zeigt die unterschiedlichen Uhrzeiten der ganzen Erde an.

Berlin bietet ein abwechslungsreiches Unterhaltungsprogramm für alt und jung.

Das Brandenburger Tor war seit dem Mauerbau im Jahr 1961 nicht mehr passierbar. Zu Weihnachten 1989 wurde es wieder geöffnet.

Das Elefantentor ist ein Eingang zum Berliner Zoo, dem ältesten Tierpark Deutschlands.

Vergnügungsfahrt auf der Havel: Berlin besteht zu einem Drittel aus Wald und Wasser.

Brandenburg –
ein „sandiges" Bundesland

In der Mitte von Brandenburg liegt die deutsche Hauptstadt Berlin, die gleichzeitig ein Bundesland ist. Im dünnbesiedelten Brandenburg leben mit rund drei Millionen Einwohnern insgesamt weniger Menschen als in Berlin.

Auf den sandigen Böden Brandenburgs stehen große Kiefernwälder. Wie die weiten Heidelandschaften, zahlreichen Seen und Kanäle sind sie beliebte Erholungsgebiete. Eine besondere Attraktion für Touristen ist Brandenburgs Hauptstadt Potsdam, wo das Schloß Sanssouci von Friedrich dem Großen steht. In der ehemaligen Residenz- und Garnisonsstadt Potsdam befinden sich auch die Ateliers und Produktionsstätten der deutschen Filmgesellschaft DEFA. Die Landschaft Brandenburgs ist nicht nur von Braunkohleabbau und Industrieanlagen, sondern auch durch intensive Landwirtschaft gekennzeichnet. Die Insel Werder zum Beispiel ist eines der größten zusammenhängenden Obstanbaugebiete in Brandenburg.

Der Spreewald ist ein beliebtes Naherholungsgebiet.

Das Industrierevier **Eisenhüttenstadt.**

Im Einstein-Turm auf dem Telegraphenberg bei Potsdam befinden sich ein Observatorium und ein Turmteleskop.

Das berühmte **Schloß Sanssouci** in Potsdam.

Direkt an der polnischen Grenze liegt die Stadt **Frankfurt an der Oder.**

Bremen –
ein Land, zwei Städte

Die Freie und Hansestadt Bremen bildet zusammen mit Bremerhaven das kleinste Bundesland Deutschlands und ist, wie Hamburg und Berlin, ein Stadtstaat. In Bremerhaven befinden sich – entlang der Wesermündung – der größte Fischereihafen und eine der größten Container-Anlagen von Europa. Bremen wurde schon im 8. Jahrhundert gegründet und ist eine der ältesten deutschen Hafenstädte. Heute ist Bremen Umschlagplatz für Waren aus aller Welt – insbesonere für Tabak, Baumwolle, Kaffee, Wein, Südfrüchte und Holz. Ein großer Teil des eingeführten Kaffees wird in den in Bremen ansässigen Großröstereien verarbeitet.

Wenn du dich für die Geschichte der Seefahrt interessierst, dann gehe in das Deutsche Schiffahrtsmuseum. Oder besuche das Übersee- oder Nordsee-Museum! Besonders sehenswert sind aber auch die alten Stadtviertel von Bremen sowie ein großer Rhododendron-Park, in dem nicht weniger als 2 000 verschiedene Arten von Rhododendren und Azaleen zu bewundern sind.

Die „Bremer Stadtmusikanten" – vier außergewöhnliche Musiker.

Eine mittelalterliche **Kogge** aus dem Deutschen Schiffahrtsmuseum.

Der **St.-Petri-Dom:**
Dieses Wahrzeichen steht auf Bremens höchster Erhebung, einer Düne!

Der **„Roland"** stammt aus dem Jahr 1404 und ist Symbol für Bremens Stadtfreiheit.

Die **„Ariane"** ist eine europäische Rakete, die für ausschließlich friedliche Zwecke in Bremen zusammengebaut wird.

Hamburg –
ein Tor zur Welt

Kennst du den größten Seehafen von Europa noch nicht? Dann komm in die Freie und Hansestadt Hamburg! In Hamburg leben über 1,5 Millionen Menschen. Damit ist Hamburg nach Berlin die zweitgrößte deutsche Stadt. Hier kannst du etwa 60 Kilometer kreuz und quer über Kanäle, Elbe und Alster fahren. Außerdem gibt es in Hamburg über 2 000 Brücken zu sehen. Oder laß dir Europas größten Rangierbahnhof mit fast 3 000 Kilometern Gleisen zeigen. Am Sonntagmorgen um 6 Uhr öffnet der berühmte Hamburger Fischmarkt seine Pforten: Dort gibt es nicht nur frisch gefangene Fische, sondern auch Obst, Gemüse und Waren wie in jedem Kaufhaus. Bei einer Hafenrundfahrt kann man an 64 Kilometern Kais die Fracht- und Passagierschiffe aus aller Welt bestaunen. In den zahlreichen Werftanlagen liegen Schiffe im Bau oder zur Reparatur. Und wer der Großstadthektik entfliehen will, der kann ins „Alte Land" fahren. Hier findest du neben grasenden Kühen große Obstplantagen und besonders schöne Bauernhäuser.

Der **„Hamburger Dom"** ist keine Kirche, sondern ein berühmtes Volksfest.

In der **Speicherstadt** lagern Güter aus der ganzen Welt, wie Tabak, Tee, Kaffee und Kakao.

Hagenbecks Tierpark

Frisch aus der Presse: Fast die Hälfte aller Zeitschriften kommt aus Hamburg.

Hamburgs 800 Jahre alter **Hafen** ist der Anlegeplatz für Passagierdampfer, Öltanker und Frachtschiffe.

Hessen –
ein Land mit vielen Nachbarn

Im Herzen Deutschlands, mit Grenzen zu sieben anderen Bundesländern, liegt Hessen. Wie in keinem anderen Bundesland stoßen hier großflächige Natur- und dichte Industriegebiete aufeinander: 40 % des Landes sind mit Wäldern bedeckt, und auf 45 % der Gesamtfläche wird Landwirtschaft betrieben. In Hessen kann man tagelang durch den Taunus, den Odenwald, den Spessart, den Vogelsberg und die Rhön wandern. Aber zugleich ist das Rhein-Main-Gebiet auch eines der größten Industriezentren Deutschlands.

Wiesbaden ist die Hauptstadt von Hessen. Doch der eigentliche Mittelpunkt des Landes und gleichzeitig nationaler und internationaler Verkehrsknotenpunkt ist Frankfurt am Main. Hier haben in riesigen Hochhäusern Banken und Firmen ihre Zentralen, und hier finden alljährlich wichtige Messen, wie zum Beispiel die Internationale Automobilausstellung, statt.

Die **Buchmesse** in Frankfurt ist einmal im Jahr Treffpunkt für Buchhändler und Verleger aus aller Welt.

Ein Dinosaurier-Skelett aus dem **Naturmuseum Senckenberg** in Frankfurt.

Seit 1911 wird in der **Rhön** Segelflug betrieben.

Der Odenwald – eines der Ferien- und Erholungsgebiete in Hessen.

Mecklenburg-Vorpommern –
ein Land der Seen

Nicht nur die 340 Kilometer lange Ostseeküste mit unzähligen Buchten und Stränden, sondern auch die über 1 000 Seen dieses Bundeslandes ziehen im Sommer die Wasserratten an. Wenn du die größte deutsche Insel kennenlernen möchtest, mußt du Rügen mit den weißen Kreidefelsen besuchen. Schwerin, eine ehemalige Kaufmannssiedlung mit vielen historischen Gebäuden aus dem 18. und 19. Jahrhundert, ist die Hauptstadt von Mecklenburg-Vorpommern. Die Hafenstadt Rostock war schon im Mittelalter eine bedeutende Hanse- und Universitätsstadt.

Neben dem Fremdenverkehr spielt in diesem Bundesland die Landwirtschaft eine wichtige Rolle. In der weitläufigen, fruchtbaren Landschaft werden Weideviehhaltung und Obst- und Gemüseanbau betrieben. Zu den wichtigsten Industriezweigen zählen Fischerei, Seehandel und Schiffs- und Fahrzeugbau.

Die Stadtansicht von **Rostock**.

Die Mecklenburger Seenplatte – ein Freizeitparadies für Jung und Alt.

In Mecklenburg-Vorpommern wird intensiv Landwirtschaft betrieben.

Die weißen Kreidefelsen der **Insel Rügen**.

Auch **Wismar** ist eine alte Hafenstadt.

Niedersachsen –
ein Land voller Gegensätze

Hast du Lust, Ferien auf einer Insel, in der Heide oder in hügeligen Wäldern zu machen? Oder interessieren dich die Hafen- oder alte historische Städte? All das bietet dir Niedersachsen! Jedes Jahr besuchen über sechs Millionen Touristen dieses Bundesland: Auf sage und schreibe 30 000 Kilometern Radwegen und 60 000 Kilometern Wegen durch die Land- und Forstwirtschaftsgebiete kann man das Land erkunden. Dabei trifft man nicht nur auf große Kuh- und Schafherden, sondern auch auf Pferde, denn Niedersachsen ist berühmt für seine „Hannoveraner"-Zucht. Niedersachsen ist aber auch ein wichtiges Industrieland, in dem sich unter anderem moderne Auto-, Stahl-, Chemie- und elektrotechnische Werke angesiedelt haben. Hauptstadt des Landes ist Hannover, wo alljährlich etwa 6 000 Aussteller aus 150 Ländern auf Messen ihre Produkte anbieten.

Die Lüneburger Heide ist ein wunderschönes Naturschutzgebiet.

Im **Museumsdorf von Cloppenburg** kannst du sehen, wie man früher auf dem Land lebte.

Walsrode ist der größte Vogelpark der Welt.

Der Rattenfänger von Hameln

Der Harz: Winterfreuden im nördlichsten Mittelgebirge.

Nordrhein-Westfalen –
viele Städte, viel Natur

Interessieren dich alte Wasserburgen und Talsperren oder eher Bergwerke, Hochöfen und moderne Fabriken? Nordrhein-Westfalen, ein bevölkerungsreiches Bundesland, ist ein Zentrum moderner Industrie mit vielen Großstädten und einem dichten Straßennetz. Düsseldorf ist die Landeshauptstadt. Sie ist ein wichtiger Handels-, Banken- und Messeplatz und zusammen mit Köln einmal im Jahr Hochburg des Karnevals. Weitaus kleiner, aber nicht weniger wichtig ist Bonn am Rhein, das bis 1990 Bundeshauptstadt war. Heute ist Bonn Regierungssitz von Deutschland. Wer in Nordrhein-Westfalen Ruhe und Erholung sucht, findet zahlreiche Naturparks, über 180 Seen und fast 100 Freizeitparks. Auch Feriengebiete wie das Sauerland, das Siebengebirge und der Teutoburger Wald liegen in diesem Bundesland.

Eine typische Industrielandschaft im **Ruhrgebiet**.

Zwischen Köln und Bonn werden riesige **Braunkohlevorkommen** abgebaut.

Eine Abgeordnete des **Deutschen Bundestags**.

Köln am Rhein ist wegen des Doms berühmt. Es ist auch Sitz der größten bundesdeutschen Rundfunkanstalt (WDR).

Die **Schwebebahn in Wuppertal** ist eines der originellsten Verkehrsmittel der Welt. Sie wurde schon 1901 in Betrieb genommen.

Rheinland-Pfalz –
das Weinland am Rhein

Kennst du die Stadt, in der sich das ZDF, die größte deutsche Fernsehanstalt, befindet? Das ist die ehemalige Römersiedlung Mainz, die heute Hauptstadt von Rheinland-Pfalz ist.

Dieses Bundesland wird auch als „Weinkeller Deutschlands" bezeichnet, da an Rhein und Mosel 70 % (Prozent) des deutschen Weins geerntet werden. Andere Besonderheiten dieses Landes sind die unzähligen Burgen und Burgruinen, die Maare (Kraterseen in erloschenen Vulkanen) der Eifel, der weitläufige Pfälzer Wald und 500 Mineralquellen. Doch neben den zahlreichen Landwirtschafts- und Erholungsgebieten hat sich in Rheinland-Pfalz auch viel Industrie angesiedelt: Allein im Gebiet von Ludwigshafen stehen entlang des Rheins auf einer Strecke von 60 Kilometern riesige Chemie-Werke.

Der **Mäuseturm** in Bingen am Rhein.

Entlang der **Deutschen Weinstraße** stehen rund eine Million Rebstöcke.

Die **Porta Nigra** in Trier, das einzige noch erhaltene römische Stadttor.

Pirmasens ist ein wichtiger Standort der Schuh-Industrie und Sitz des deutschen Schuh-Museums.

Das **Gutenberg-Museum** in Mainz ist das weltgrößte Druckerei-Museum zu Ehren des Erfinders der Buchdruckerkunst.

Im **Dom von Speyer** liegen zwölf Kaiserinnen und Kaiser begraben.

Saarland –
Industrierevier im Grünen

Im kleinsten Flächenland Deutschlands begegnen dir krasse Gegensätze: Etwa die Hälfte des Saarlands wird landwirtschaftlich genutzt, und ein Drittel ist waldbedeckt. Gleichzeitig befinden sich hier riesige Kohlebergwerke sowie metallverarbeitende, chemische, keramische und Glas-Industrie. Auch das Stadtbild von Saarbrücken, der Hauptstadt des Saarlands, ist von Kontrasten geprägt: Einerseits kannst du dort den Wildpark, den Zoologischen Garten oder den Deutsch-Französischen Garten mit der größten Wasserorgel Europas besuchen. Andererseits ragen Schlote moderner Industrieanlagen auf. Und auf der Saar tuckern die Lastkähne auf dem Weg ins Ruhrgebiet oder nach Rotterdam. Wanderst du gerne? Auf dem 270 Kilometer langen Saarland-Rundwanderweg kann man die Natur genießen und von einer Sehenswürdigkeit zur anderen gehen. Jahrtausendealte Menhire (Riesensteine) und alte Burg- und Klosterruinen, römische Ausgrabungen und ein ehemaliges römisches Kupferbergwerk gibt es zu besichtigen.

Fördertürme und Industriebauten bestimmen die saarländische Landschaft.

Das „Land der Liliputaner": 65 Mini-Bauwerke aus aller Welt stehen im **Deutsch-Französischen Garten**.

Unter Tage: im **Bergbaumuseum von Bexbach** an der Saar.

Die **Homburger Schloßberghöhle** führt zwölf Stockwerke unter die Erde. Sie ist Europas größte Buntsandsteinhöhle.

Der „Stiefel" ist das Wahrzeichen der Saarpfalz auf dem Berg **Großer Stiefel**.

Sachsen –
ein Industrie- und Kulturland

Sachsen ist das östlichste Bundesland und grenzt an Polen und die Tschechoslowakei. Die Elbestadt Dresden ist die Hauptstadt von Sachsen. Hier kannst du eine große Zahl von historischen Gebäuden und prachtvollen Museumsschätzen besichtigen. Dresden ist neben Leipzig das kulturelle Zentrum Sachsens. Leipzig ist die wirtschaftlich bedeutendste Stadt, denn hier finden jährlich wichtige Messen statt. Im 18. Jahrhundert war der berühmte Komponist Johann Sebastian Bach in Leipzig als Thomaskantor tätig.

Auch in Sachsen werden große Braunkohlevorkommen abgebaut. Dadurch wurde die Landschaft großflächig verändert. Sachsen ist nicht nur ein Industrieland, es besitzt auch interessante Reiseziele: Das Erzgebirge, das Elbsandsteingebirge und die Lausitz werden von vielen Touristen besucht.

Die „Brühlsche Terrasse" in Dresden.

Leipzig ist Messe-, Musik-, Universitäts- und Buchhandelsstadt und zugleich ein wichtiger Verkehrsknotenpunkt.

In Radebeul bei Dresden kann man das Karl-May-Museum und die „Villa Bärenfett" besuchen.

In der Lausitz lebt die slawische Volksgruppe der **Sorben.** Die sorbische Sprache hat Gemeinsamkeiten mit dem Polnischen und dem Tschechischen.

Der Basteifelsen, der sich 200 Meter über der Elbe erhebt, ist ein Paradies für Kletterer.

Sachsen-Anhalt –
ein Land der Technik

In Sachsen-Anhalt gibt es sowohl große Industriegebiete als auch romantische Landschaften. Seine Hauptstadt ist das 1000 Jahre alte Handelszentrum Magdeburg. Hier und im Bereich Halle-Merseburg-Bitterfeld sind große Industriebetriebe angesiedelt. Chemiefabriken und riesige Braunkohlegruben bestimmen das Landschaftsbild. Doch es gibt auch eine bedeutende Landwirtschaft: Zwischen Harz und Elbe liegen fruchtbare Böden, wo vor allem Weizen, Gerste, Hopfen und Rüben angebaut werden. Schöne Erholungsgebiete liegen im Harz, zum Beispiel im Bodetal. Besonders sehenswert sind der „Wörlitzer Landschaftspark" bei Dessau und die berühmten Tropfsteinhöhlen bei Rübeland im Harz.

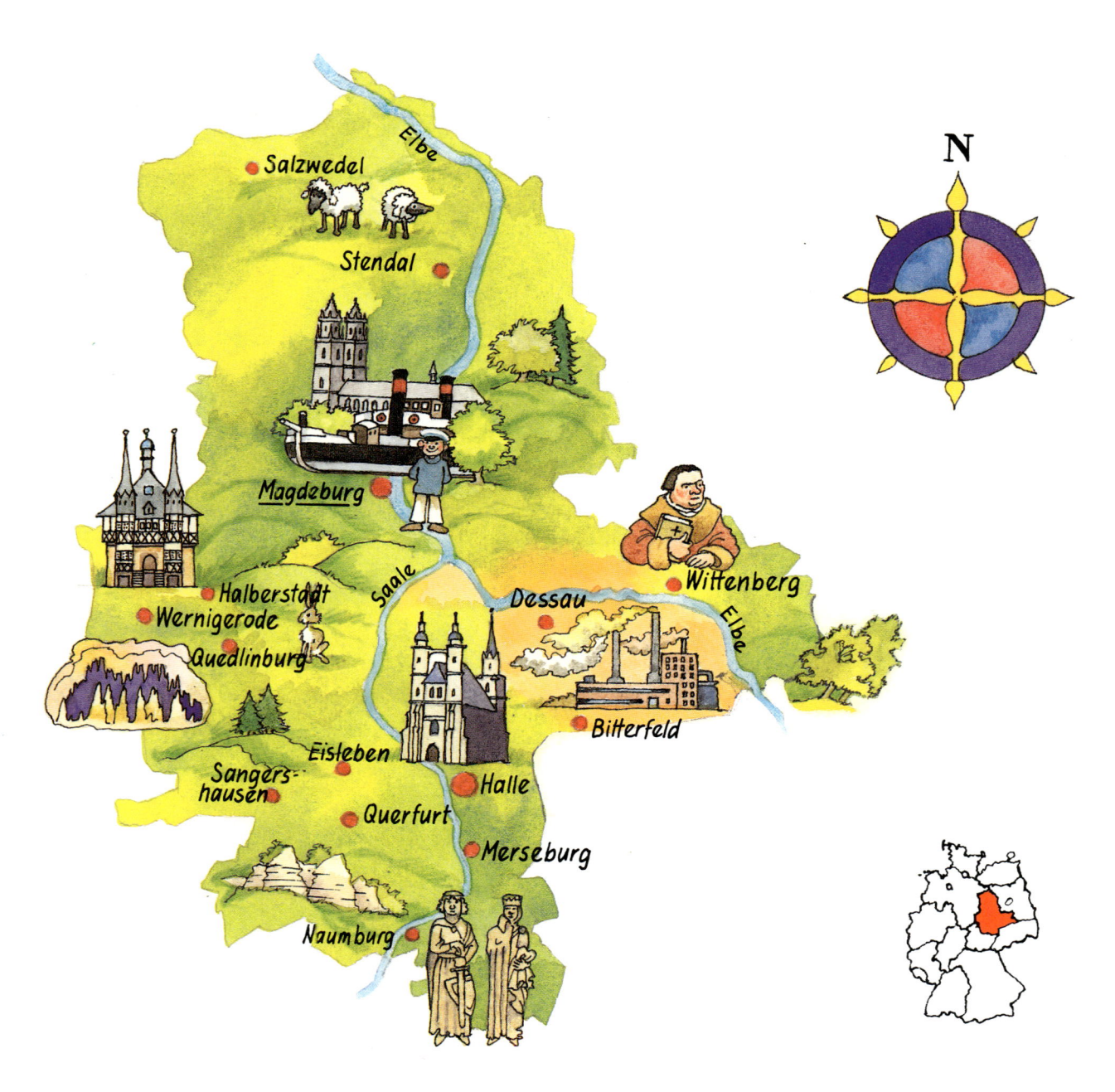

In **Magdeburg an der Elbe** gründete Karl der Große schon 805 eine Festung.

Eine Seilbahn führt zum **Hexentanzplatz** über dem Bodetal im Harz.

In **Wittenberg** schlug Luther im Jahr 1517 angeblich seine Thesen an die Kirchentür an.

Das Barbarossa-Denkmal auf dem Kyffhäuser.

Das „Steinerne Bilderbuch" in Großjena.

Schleswig-Holstein –
von Nord- und Ostsee umschlungen

Magst du Wasser, Wellen, Wattenmeer? Dann besuche Schleswig-Holstein, das nördlichste Bundesland. Es ist zwar 16 000 Quadratkilometer groß, hat aber nur doppelt so viele Einwohner wie München (rund 2,6 Millionen). Schleswig-Holstein ist ein gewässerreiches Land. Über 300 Seen gibt es hier zu entdecken. Die Küste hat eine Gesamtlänge von 500 Kilometern. Der Nord-Ostsee-Kanal, der die Kieler Förde mit der Unterelbe verbindet, ist die meistbefahrene Wasserstraße der Welt. Kiel ist die Hauptstadt von Schleswig-Holstein und besitzt wie Lübeck und Flensburg einen Hafen mit großen Werftanlagen. Von allen drei Städten führen Fährverbindungen in die skandinavischen Länder Schweden, Norwegen, Finnland und Dänemark. Wo es so viel Wasser gibt, suchst du natürlich vergeblich nach Bergen: Die höchste Erhebung des Landes ist gerade 167 Meter hoch.

Fehmarn ist einer von vielen Ferienplätzen an der Ostsee.

Jedes Jahr treffen sich die besten Segler aus aller Welt bei der „**Kieler Woche**".

Mölln: Hier trieb Till Eulenspiegel seine Späße.

Helgoland war einmal eine Schmuggler- und Seeräuber-Insel.

Reetgedecktes Bauernhaus

Thüringen –
das grüne Herz Deutschlands

Ißt du gern Kartoffelklöße? Dann mußt du in die Mitte Deutschlands, ins waldreiche Thüringen, fahren. Dieses Bundesland ist aber auch für viele andere Dinge berühmt. Seine Hauptstadt Erfurt zum Beispiel zählt zu den ältesten und schönsten Städten Deutschlands und wird auch als „Blumen- und Gemüsestadt" bezeichnet. In Orten wie Jena, Gotha, Gera und Suhl hat sich Industrie für die verschiedensten Produkte angesiedelt. Zu den wichtigsten Waren gehören neben optischen Geräten, Textilwaren und feinmechanischen Produkten auch Spielwaren. Gleichzeitig wird in dem fruchtbaren Bundesland auch Landwirtschaft betrieben: Getreide, Zuckerrüben, Obst und Gemüse werden angebaut. Im Thüringer Wald kann man auf dem Rennsteig kilometerweit wandern. Und wer sich für große Bäume interessiert, kommt in Thüringen auf seine Kosten, denn in den Bleichroder Bergen, nördlich von Mühlhausen, wachsen über 3 000 Eichen. Südlich von Bad Salzungen kann man im Naturschutzgebiet Eibengarten 800 bis 1 000 Jahre alte Bäume bestaunen.

Die **Wartburg in Eisenach** wurde 1067 gebaut und ist eine der berühmtesten deutschen Burgen.

Das **Goethe- und Schiller-Denkmal** in Weimar.

Oberhof bei Suhl ist ein bekanntes Wintersportgebiet.

Das Wasserkraftwerk in Ziegenrück bei Lobenstein.

Jena ist nicht nur als alte Universitätsstadt, sondern auch durch das hitzebeständige Jenaer Glas bekannt.

Das deutsche Verkehrsnetz

Deutschland liegt im Zentrum von Europa und ist ein besonders dichtbesiedeltes und industrialisiertes Land. Deshalb braucht es für den Güter-, Berufs- und Reiseverkehr ein gut funktionierendes und ausgebautes Verkehrsnetz.
Auf einem Straßennetz von etwa 625 000 Kilometern bewegen sich zur Zeit weit über 30 Millionen Kraftfahrzeuge.
Auf einem Schienennetz von über 42 000 Kilometern werden jährlich mehr als 1,5 Milliarden Personen und etwa 600 Millionen Tonnen Fracht befördert.

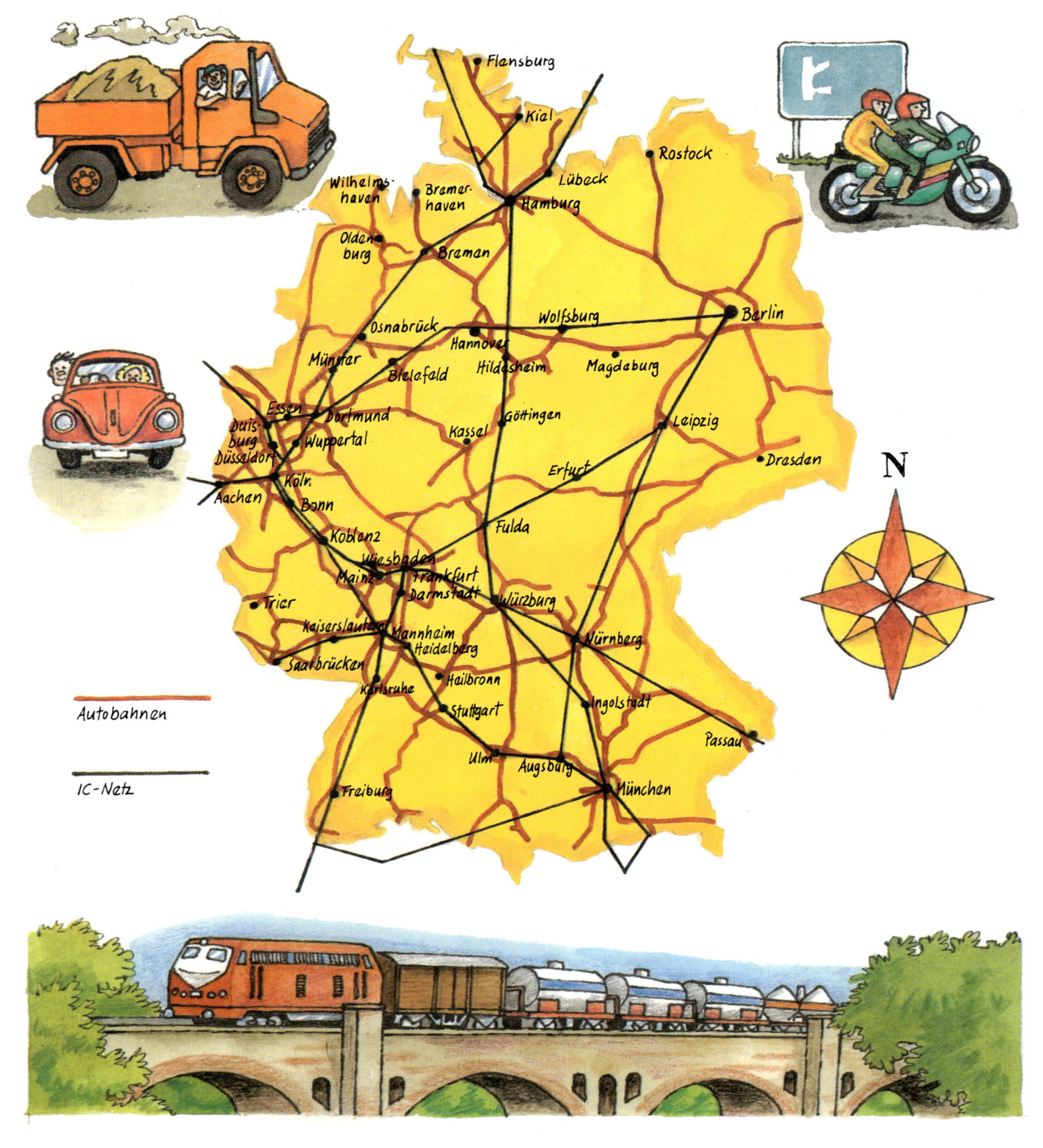

Autobahnen

IC-Netz

Auf dem Netz von Binnenwasserstraßen (Flüsse und Kanäle) mit einer Gesamtlänge von etwa 7 500 Kilometern werden im Jahr fast 800 000 Tonnen vor allem Baumaterialien, Mineralölprodukte, Erze, Kohle und Container befördert.

Dem Flugverkehr stehen in Deutschland weit über 300 Flugplätze für Motorflugzeuge zur Verfügung. Dabei befördern insgesamt 90 Linien- und Charterfluggesellschaften im Jahr über 60 Millionen Fluggäste und über 1 Million Tonnen Luftfracht.

Das ständig wachsende Verkehrsaufkommen stellt die Verkehrsplaner in Zukunft vor schwierige Aufgaben, denn vor allem Luftverschmutzung und Lärm sind eine große Belastung. Dazu wird es nötig sein, vor allem den Autoverkehr zu verringern. Dies erfordert ein gut ausgebautes Nah- und Fernverkehrsnetz der Bahn. Denn der Transport auf Schienen, aber auch auf dem Wasser, ist bedeutend umweltfreundlicher als auf der Straße oder durch die Luft per Flugzeug.

Deutschland von oben

Kannst du dir vorstellen, wie Deutschland aus der Vogelperspektive aussieht? Ein erster Überblick zeigt dir, daß das Land in drei große Landschaftsräume gegliedert ist: Im Norden breitet sich weitflächig das Tiefland aus. Daran schließt sich eine Mittelgebirgslandschaft an. Und im Süden erstreckt sich das Hochgebirge mit einer vorgelagerten Hochfläche.
Betrachtet man das Land in einem Querschnitt von Norden nach Süden, dann sieht es – sehr vereinfacht – so aus: Ein genauer Blick auf die einzelnen Landschaften zeigt, wie vielfältig und abwechslungsreich sich die Bundesrepublik gestaltet. Der flachen, sandigen Nordseeküste sind viele Inseln vorgelagert. Die Ostsee hingegen hat eine teils sandige, buchtenreiche Flachküste und eine teils felsige Steilküste. Das Norddeutsche Tiefland ist eine hügelige Landschaft mit größeren Moor- und Heidegebieten. Im Nordosten liegt die Mecklenburger Seenplatte mit einer Vielzahl von kleineren Seen. Dieses Gebiet wurde einst von den Gletschern der Eiszeit geformt, und seine Erhebungen sind weniger als 200 Meter hoch. Südlich davon folgt eine sehr unterschiedliche Mittelgebirgslandschaft aus Urgestein mit Höhen bis zu 1 500 Metern. Jedes dieser Gebirge hat seinen eigenen, unverwechselbaren Charakter. Einige Höhenzüge, wie der Harz, das nördlichste deutsche Mittelgebirge, der Bayerische Wald oder der Thüringer Wald, sind mit üppigen Nadelwäldern bewachsen. Andere Höhenzüge, wie die Fränkische Schweiz oder das Elbsandsteingebirge, die sogenannte „Sächsische Schweiz", sind wenig bewaldet, bieten dafür aber rauhe, zum Klettern einladende Felswände. Oder sie sind „kahlköpfig" wie die ehemals vulkanische Rhön. Der Taunus wiederum hat dichtbewaldete Erhebungen, weite Wiesenflächen und fruchtbare Rebhänge. Der Spessart ist von riesigen Eichen- und Buchenwäldern bedeckt.
Jenseits der Donau, im Süden Deutschlands, begegnen wir einer ganz anderen Landschaftsform: Mit Erhebungen zwischen 200 und 500 Metern breitet sich hier die Hochfläche des Alpenvorlandes aus. Sie geht unmittelbar über in eine steile Hochgebirgslandschaft, die sich zur Grenze nach Österreich in die Allgäuer, die Bayerischen und die Salzburger Alpen gliedert. Hier erreichen die Berge eine Höhe von fast 3 000 Metern.
Weißt du, welches der höchste deutsche Berg ist? Es ist die Zugspitze mit einer Höhe von 2 964 Metern!

45

Ein wasserreiches Land

Hättest du gedacht, daß jeder Einwohner Deutschlands pro Tag durchschnittlich fast 200 Liter Wasser verbraucht? Dank seiner geographischen Lage ist Deutschland ein wasserreiches Land. Im Jahresmittel fallen etwa 160 Milliarden Kubikmeter Niederschläge.
Weißt du, wie lebenswichtig das Wasser für uns Menschen ist?

Stauseen sind bedeutende Wasserspeicher, aus denen vor allem Trinkwasser entnommen wird.

An Bächen und Flüssen haben zahlreiche Pflanzen- und Tierarten ihren Lebensraum.

Die Seen und andere Gewässer sind beliebte Erholungs- und Freizeitgebiete.

Nord- und Ostsee sind gernbesuchte Ferienziele und unersetzbare Fanggebiete für das Fischereigewerbe.

Es ist höchste Zeit, daß alle begreifen, wie bedroht unsere Gewässer, und vor allem das Grundwasser, sind. Sowohl private Haushalte als auch Industriebetriebe müssen sparsamer und bedachter mit dem wertvollen Wasser umgehen. Der Gebrauch von giftigen Chemikalien in der Industrie muß eingeschränkt werden, und die Entgiftung der Abwässer muß gesichert sein. Landwirte sollten in Zukunft weitgehend auf umweltgefährdende Dünge- und Pflanzenschutzmittel verzichten. Die Binnenseen sowie Nord- und Ostsee dürfen nicht länger als „Abfallgrube" mißbraucht werden. Nur so können wir unsere Gewässer auf Dauer schützen.

Ein waldreiches Land

Hättest du vermutet, daß etwa 30% der Gesamtfläche Deutschlands bewaldet sind? In Europa können nur die skandinavischen und osteuropäischen Länder größere Waldflächen vorweisen. Die „Grüne Insel" Irland zum Beispiel ist nur zu 1% waldbedeckt.

Weißt du, welch vielfältige Aufgaben der Wald für uns hat?

Lebensraum Wald: Wälder bieten einer Vielzahl von Pflanzen und Tieren unersetzbaren Lebensraum.

Schutzschild Wald: Im Gebirge verhindern die Bäume das Abrutschen von Berghängen und schützen Ortschaften vor Lawinenabgängen.

Wirtschaftsfaktor Wald: Jährlich werden in Deutschland große Mengen von Holz geschlagen und zu den verschiedensten Produkten verarbeitet.

So sieht der Wald heute vor allem in den Hochlagen vieler Mittelgebirge aus. Über die Hälfte des Baumbestandes ist inzwischen krank oder sogar schon abgestorben. Viel zu spät haben wir begriffen, daß die Luftverschmutzung durch Industrie, Verkehr und Haushalte der Natur schwerste Schäden zufügt. Infolge der Erkrankung sind Nährstoff- und Wasseraufnahme und der Stoffwechsel der Bäume gestört, so daß Schädlinge und ungünstige Witterungseinflüsse zur weiteren Schwächung beitragen können. Es ist höchste Zeit, daß jeder erkennt, wie wichtig die Wälder für uns Menschen und das Gleichgewicht in der Natur sind, und daß jeder zu ihrer Schonung beiträgt.

Bedrohte Tier- und Pflanzenwelt

Weißt du, warum in diesem Land so viele verschiedene Tier- und Pflanzenarten leben? Deutschland liegt in einer gemäßigten Klimazone. Die Sommer sind warm, die Winter mäßig kalt. Es fehlen die extremen Temperaturen wie in vielen anderen Gebieten der Erde. Außerdem fällt in der Regel immer ausreichend Regen.

Dennoch ist die Natur in zunehmendem Maße bedroht. Die starke Industrialisierung, der zunehmende Verkehr, die dichte Besiedelung und der leichtfertige Umgang mit chemischen Dünge- und Pflanzenschutzmitteln beeinträchtigen die Lebensräume der Tier- und Pflanzenwelt.

Feuchtgebiete wie Moore und Marschlandschaften sind besonders gefährdete Bereiche der Natur. Sie sind zum Beispiel Lebensraum für seltene Wiesen- und Zugvögel.

Trocken- und Halbtrockenrasen gehören zu den stark bedrohten Lebensgemeinschaften. Hier wachsen allein 585 der Pflanzenarten.

Das Niedersächsische und das Schleswig-Holsteinische Wattenmeer sind zu Nationalparks erklärt worden, um die nur dort lebenden Tiere zu schützen.

Wir alle können dazu beitragen, daß die Natur nicht noch mehr in Mitleidenschaft gezogen wird.

In den letzten Jahrzehnten sind schon 350 Tier- und 60 Blütenpflanzenarten ausgestorben. 35 % aller Farn- und Blütenpflanzen, 50 % aller Säugetiere und 70 % der Fische und Rundmäuler sind gefährdet. Wollen wir Menschen die Vielfalt und die Schönheit der Natur retten, muß jeder auf seine Weise etwas für die Erhaltung der Tiere und Pflanzen tun.

Inzwischen gibt es in Deutschland mehr als 2600 Naturschutzgebiete, fast 100 Naturparks und einige Nationalparks, um die bedrohte Natur zu bewahren.

Wohin in der Freizeit?

Planst du einen Ausflug oder eine Ferienreise? Möchtest du den Staat, in dem du lebst, und seine Menschen näher kennenlernen? Kaum ein anderes Land kann dir auf so wenig Fläche so viel Verschiedenes bieten:

Wer zum Beispiel etwas über Kunst, Geschichte, Naturkunde oder Technik erfahren möchte, dem stehen etwa 1 800 Museen zur Verfügung.

Wer Freude an Theater, Ballett oder Musik hat, dem werden beinahe überall das ganze Jahr über Veranstaltungen zum Zusehen, Zuhören oder Mitmachen angeboten.

Wer sich dafür interessiert, wie unsere Vorfahren früher gelebt haben, kann unzählige alte Burgen und Schlösser oder die zahlreichen Museumsdörfer besichtigen.

Und Ferien auf einem Bauern- oder Reiterhof sind für diejenigen, die die Natur lieben und gern mit Tieren umgehen, eine tolle Abwechslung.

Abwechslung und Unterhaltung kannst du auch in den verschiedenen großen Freizeit- und Erlebnisparks finden.

Wer gern unter vielen Menschen ist, der kann sich bei den überall stattfindenden Volks- oder Heimatfesten vergnügen.

Weißt du, wie man am besten einen interessanten Ausflug planen kann? Informiere dich in der Bibliothek, bei den Reiseveranstaltern und den Presse- und Informationsämtern.
Viele schicken dir auch gern Kataloge, Broschüren und Karten. Oft ist schon die Reise auf dem Papier ein spannendes Erlebnis.

Zahlen, Zahlen, Zahlen ...

Die Ausdehnung Deutschlands
Fläche: 357 041 Quadratkilometer
Längste Ausdehung von Norden nach Süden: 867 Kilometer

Die größten Städte
Berlin	etwa 4 Millionen Einwohner	Frankfurt/Main	etwa 600 000 Einwohner
Hamburg	etwa 1,5 Millionen Einwohner	Leipzig	etwa 530 000 Einwohner
München	etwa 1,2 Millionen Einwohner	Dresden	etwa 500 000 Einwohner
Köln	etwa 900 000 Einwohner	Magdeburg	etwa 290 000 Einwohner

Die längsten Flüsse
Donau	2860 Kilometer	Weser-Werra	773 Kilometer
Rhein	1326 Kilometer	Mosel	545 Kilometer
Elbe	1154 Kilometer	Main	524 Kilometer
Oder	903 Kilometer	Ems	371 Kilometer

Die Nachbarländer Deutschlands

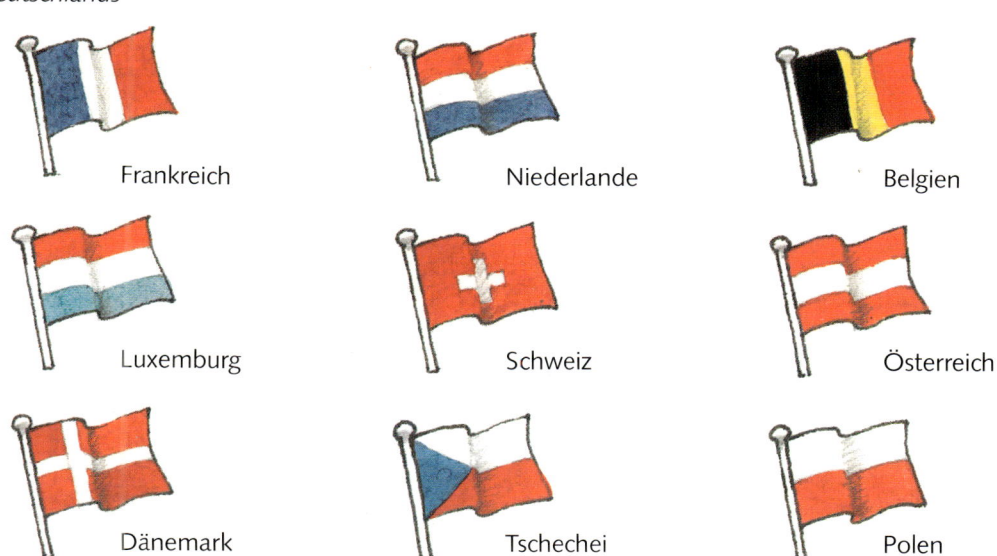

Frankreich	Niederlande	Belgien
Luxemburg	Schweiz	Österreich
Dänemark	Tschechei	Polen

Die größten Seen

Bodensee	538 Quadratkilometer	Würmsee	57 Quadratkilometer
Müritzsee	116 Quadratkilometer	Ammersee	47 Quadratkilometer
Chiemsee	84 Quadratkilometer	Plauer See	38 Quadratkilometer
Schweriner See	63 Quadratkilometer	Steinhuder Meer	32 Quadratkilometer

Die größten Stauseen

Rur	205 Millionen Kubikmeter
Edersee	202 Millionen Kubikmeter
Forggensee	165 Millionen Kubikmeter
Bigge	150 Millionen Kubikmeter
Möhne	134 Millionen Kubikmeter

Die höchsten Berge

Zugspitze	2964 Meter	Großer Arber	1457 Meter
Watzmann	2714 Meter	Fichtelberg	1213 Meter
Mädelegabel	2646 Meter	Brocken	1143 Meter

Kunterbuntes
In Deutschland gibt es:

über 39 000 Schulen

fast 30 Millionen Fernsehteilnehmer

467 000 Pferde

etwa 140 Millionen Stück Geflügel

mehr als 20 Millionen Rinder

4 Millionen Schafe

37 Millionen Schweine

fast 600 Theater

über 19 Millionen Wohngebäude

etwa 37 000 Bibliotheken

Und von jeder Person wird in einem Jahr durchschnittlich 250 Kilogramm Hausmüll produziert!

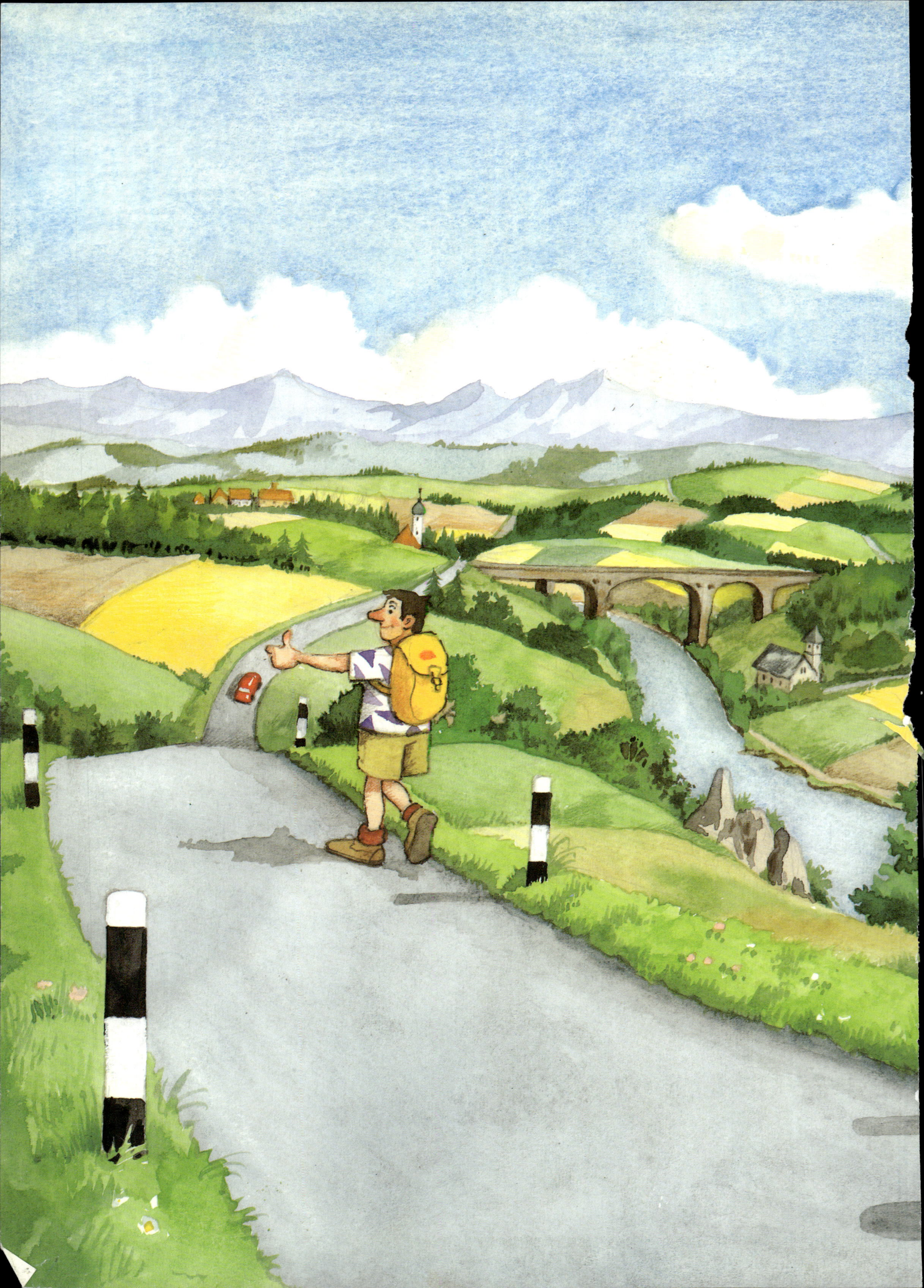